AF259558

DERNIERS MOMENTS

DU R. P. LATASTE,

DE L'ORDRE DES FRÈRES PRÊCHEURS.

I.

Le Religieux.

Le 10 mars 1869, à cinq heures du soir, un fils de saint Dominique et du P. Lacordaire rendait son âme à Dieu, dans la trente-septième année d'une vie toute employée aux travaux apostoliques et aux œuvres de charité. Cette mort est une douloureuse et redoutable épreuve pour la maison des Réhabilitées de Béthanie, nouvellement établie à Frasne-le-Château par ses soins et son zèle ; mais l'épreuve qui vient de Dieu est une occasion de lutte et de victoire. Nous espérons que de si beaux commencements seront achevés sous la protection efficace du pieux Cardinal de Besançon et de l'ordre de Saint-Dominique, par les admirables filles spirituelles du P. Lataste.

Nous n'avons le projet ni de raconter sa vie ni de juger son œuvre, nous venons simplement conserver le souvenir de ses derniers jours, dont nous avons eu le douloureux bonheur d'être témoin.

Par une singulière coïncidence, le P. Lataste fut frappé à mort la veille de la fête de sainte Madeleine 1868. C'était une grande réjouissance à Béthanie : les deux premières réhabilitées avaient été jugées dignes de recevoir l'habit religieux sous les yeux du charitable aumônier de la prison centrale d'Auberive, leur premier sauveur. L'éloquent abbé Besson célébrait dans sa noble parole les triomphes de la miséricorde de Dieu et les gloires de sainte Madeleine ; une foule de prêtres, de parents, d'amis, remplissaient la maison ; tout était radieux au ciel et sur la terre ; le fondateur, enivré d'une incomparable joie, avait parcouru, en deux jours, toutes les cures du voisinage pour inviter les ministres de Jésus-Christ à son festin : la chaleur était excessive, il ne s'en aperçut pas ; sa chambre était fraîche et humide, il s'y endormit et se réveilla en proie à une fièvre ardente. Cela ne l'empêcha pas d'accomplir les cérémonies de la prise d'habit et de parler d'une voix éteinte à ses chères enfants à qui il donnait sa vie.

Depuis cette époque sa santé était perdue ; mais d'autres réhabilitées encore furent revêtues de la robe nuptiale, et la portent aujourd'hui avec honneur. Quant à lui, il sembla un moment se remettre, et, par une de ces illusions ordinaires aux maladies de poitrine, il se crut guéri, voyagea, voulait même donner une mission et avait promis de prêcher ce carême de 1869, où la mort lui coupa la parole et trancha ses jours. Les premiers froids de novembre le forcèrent à garder la chambre et souvent le lit ; il voulut en sortir pour célébrer la messe de minuit ; ses jambes chancelaient, un étouffement subit faillit l'obliger à quitter le saint autel ; sa main était tremblante en distribuant, par un effort suprême, le Pain des anges à ses enfants, et il dit en rentrant dans la sacristie : « C'est la dernière fois que j'aurai le bonheur d'offrir le saint sacrifice. » Cependant il put encore donner l'habit de petite sœur le lendemain à une réhabilitée.

Le généreux docteur Sanderet, de Besançon, vint le voir pour s'entendre avec M. Renaud, médecin de la maison, dont les services méritent tous nos éloges. Mais la science réunie déclara que tout espoir était superflu. Ce fut alors que deux membres de la famille Lataste firent le voyage de Bordeaux à Frasne pour ajouter leurs soins à ceux qui lui étaient rendus.

Il fallait donc enfin s'habituer à cette pensée de la séparation et de la mort. Hélas ! le mal faisait des progrès rapides, et des crises terribles avertissaient tout le monde de se tenir prêt. Le 23 février, le R. P. aumônier offrit donc au malade de lui donner l'extrême onction : « C'est peut-être trop tôt, répondit-il. » Cependant il y consentit de tout cœur, par esprit d'obéissance, et nous édifia tous par les saintes paroles qu'il nous adressa sur ce sacrement, qu'on ne reçoit qu'une seule fois, et par de pieuses réflexions au sujet des prières dont l'Église l'accompagne, et qui sont, disait-il, toutes ordonnées vers un but unique : obtenir de Dieu la santé du malade, soit celle de l'âme, soit celle du corps.

Il recevait chaque jour la visite de l'excellent curé de Frasne, et il lui demanda lui-même l'application de l'indulgence de la bonne mort. Il désira aussi recevoir une dernière et spéciale bénédiction de Mgr le Cardinal. Une sœur auxiliaire fut envoyée à Besançon pour aller la demander. L'illustre prélat, dont chacun connaît le cœur compatissant, accueillit la pauvre religieuse avec une exquise bonté, voulut prier à genoux avec elle pour le mourant, et, chargée de son invisible, mais précieux trésor, elle revint raconter au Père les détails de cette imposante visite. Il en témoigna une grande joie.

Souvent l'espoir de la vie reprenait ses droits. « Les médecins me condamnent, disait le Père à un jeune religieux que le T. R. P. Provincial avait envoyé pour le soigner ; je ris de leurs arrêts ; c'est la troisième fois qu'ils les prononcent, et je vis toujours. Qu'en pensez-vous ? Moi, je suis convaincu que je ne mourrai pas encore. »

Mais, le soir du 3 mars, il se sentit faiblir plus que de coutume ; la sueur baignait son corps, sa respiration était haletante : « Ah ! je le sens bien, nous dit-il, je puis étouffer d'une minute à l'autre. » Et cette pensée de la mort traversant son âme comme un éclair révélateur, il poussa vers Dieu ce grand cri d'amour et de reconnaissance : « Enfin je vais mourir ! Quel bonheur ! »

Jusque-là, sans doute, il nous avait édifiés par sa résignation et son ardente charité ; souvent même l'amour divin lui avait inspiré des traits sublimes, il s'était écrié plein de joie et d'espérance : « Quel beau jour que celui de la mort ! » Mais ces accents angéliques étaient tombés sans suite à travers des désirs de vivre dont la grâce n'avait pas encore triomphé, et auxquels l'intérêt de son œuvre ne donnait, hélas ! que trop de raison d'être. A partir de ce jour, cette âme s'éleva radieuse pour ne plus jamais redescendre, et jeta aux échos étonnés de nos cœurs un cantique nouveau.

« Qu'elles sont dignes d'amour, vos célestes tentes, Seigneur » Dieu des armées, mon âme défaille de désir sous les portiques » du Seigneur. Mon cœur et ma chair ont tressailli d'allégresse à » l'approche du Dieu vivant : c'est que le passereau a trouvé une » demeure, et la tourterelle un nid pour y déposer ses petits. » (Ps. LXXXIII.) Puis, se tournant vers nous : « Aidez-moi donc à me persuader que je vais mourir ; je ne puis croire à mon bonheur. Est-ce donc bien vrai ? » Par instant l'illusion de la vie traversait son esprit : « Priez Notre Seigneur qu'il m'en délivre, nous répétait-il ; cela m'empêche de penser à lui. » A plusieurs reprises, il insista sur cet importun désir de vivre qui, malgré lui, pénétrait dans son cœur ; il s'en accusait comme d'une faute : « Mes amis, reprenait-il encore, priez donc le bon Dieu de consumer en moi tout ce qui me reste d'humain ! » Puis, son âme reprenant son divin essor : «C'est lui, ajoutait-il, qui a tout fait en moi, tout préparé pour cette fin, » et il demanda le saint viatique pour le voyage. Le R. P. Aumônier apporta au mourant l'incomparable nourriture qui répare dans l'âme la source de la vie naturelle quand elle se tarit, l'Eucharistie, fontaine d'eau vive qui doit jaillir dans notre sein jusqu'à la vie éternelle. (*Joann.*, IV.)

C'est alors que le Père fit appeler ses enfants pour leur laisser dans un dernier discours le testament de sa charité et la promesse de ses prières dès son arrivée dans la cité céleste. Toute la communauté était à genoux ; ni larmes, ni soupirs, ni sanglots, ne troublaient la sainteté du silence.... Chacune ouvrait son cœur comme un vase pour y recueillir les dernières paroles d'un père ; mais lui, parcourant des yeux le troupeau, arrêtait sur chaque personne un regard pénétrant, comme s'il eût voulu graver en elle avec la pointe d'un burin l'image du bon pasteur rapportant à Béthanie, sur ses épaules, la brebis égarée, pour la confier aux soins de compagnes fidèles et sans tache ; les unes et les autres allaient devenir orphelines par sa mort. Les larmes tombaient doucement de ses paupières, et leur éloquence aurait pu suffire quand ses lèvres tremblantes prononçaient ces mots : « Mes pauvres et
» chères enfants, c'est probablement la dernière fois que je vous
» vois, je ne veux vous dire que trois choses : D'abord, ne vous dé-
» fiez jamais de la Providence ; ayez toujours confiance en Dieu. »
Et il appuya cet avis sur les nombreuses preuves de la protection
du Ciel pour Béthanie. « Vous le voyez, la Providence ne vous a
» jamais fait défaut ; c'est à vous maintenant d'y être fidèles et de
» mériter que Dieu vous bénisse. Pour cela il y a deux choses à
» faire : premièrement, restez unies à votre Mère. Autrefois deux
» têtes veillaient sur vous, maintenant vous n'en aurez plus qu'une
» seule. Attachez-vous bien à votre Mère, consolez-la, aidez-la,
» soutenez-la. Et puis vous, mes enfants, aimez-vous les
» unes les autres ; et, pour y parvenir, aimez Notre Seigneur ;
» si vous l'aimez, tout vous sera facile. Vous le savez, le but de
» notre œuvre est de rivaliser d'amour pour Notre Seigneur,
» comme Marthe et Marie dans la maison de Béthanie.... Je ne
» peux.... plus rien.. . vous dire.... Adieu.... adieu ! » Et sa tête
tomba en arrière, ses yeux se fermèrent, et son âme sembla
rentrer en elle-même pour se retremper un instant dans la lu-

mière du Dieu qu'elle portait en elle. Bientôt ce cœur qui semblait éteint se ranima ; le chrétien avait encore à dire une parole
de pardon, le religieux à accomplir un dernier acte d'humilité,
et le père à faire une dernière promesse. Il releva donc la tête
et dit : « Je pardonne de tout mon cœur à toutes celles d'entre
» vous qui auraient pu m'affliger, et aussi je demande qu'on me
» pardonne la peine que j'aurais pu faire, le sachant ou ne le sa-
» chant pas. Pardonnez-moi, pensez à votre Père.... Priez pour
» moi.... Je vous dis comme notre Père saint Dominique à ses
» fils, que je vous serai plus utile où je vais que je ne le fus ja-
» mais ici-bas. Adieu.... adieu!... »

Nous lui demandâmes de nous bénir. Il se recueillit de nouveau et regarda longtemps le ciel. Nous étions tous prosternés, et
nous vîmes son faible bras s'élever peu à peu et tracer avec fer-
meté le signe auguste du salut. Tout à coup il prononça d'un accent inspiré ces solennelles paroles :

« Que la bénédiction du Dieu tout-puissant, du Père, du Fils
» et du Saint-Esprit, descende sur vous, et qu'elle y demeure à
» jamais. » Il congédia ses enfants et dit tranquillement : « A pré-
sent je vais faire mon action de grâces. » Il ne resta près de lui
que le R. P. aumônier, la R. M. prieure et le jeune religieux
qui lui servait de fils.

Le malade se recueillit profondément, et après quelques minutes
d'un pieux silence, il se tourna vers nous en disant : « Je remercie
» l'ordre de Saint-Dominique tout entier de m'avoir donné son
» saint habit, j'en remercie en particulier notre chère province de
» France. Je remercie et je bénis, en mourant, toutes les per-
» sonnes qui m'ont approuvé dans mon entreprise et m'ont aidé
» de leurs prières, de leurs conseils, de leur influence ou de
» leurs dons. Je pardonne à tous ceux qui m'ont désapprouvé, con-
» tredit et combattu. Je prie Dieu de les bénir tous. Je bénis
» aussi les religieux du noviciat qui m'ont eu pour Père Maître ;
» je bénis encore toute ma famille et surtout celui de mes frères
» qui m'a tant soutenu dans la fondation de l'œuvre. » Il se tut....
puis tout à coup il s'écria : *Ah quand sera-ce ? Quand donc con-
templerai-je la face de mon Dieu ? Comme le cerf altéré soupire après
l'eau des fontaines, ainsi mon âme soupire après vous, ô mon Dieu.
Mon âme est brûlante pour le Dieu fort, le Dieu vivant ! (Psalm.
XLI.)*

A partir de ce jour, toutes les heures de cette vie agonisante
furent marquées par des paroles dignes d'un saint, et il nous

donna un héroïque exemple des vertus dominicaines ; il fut simple dans sa mort comme il l'avait été pendant sa vie. La foi seule
l'élevait à des hauteurs sublimes et lui donnait un caractère de
grandeur et de calme qui appartenait déjà à l'éternité. Il avait
conservé avec un respect scrupuleux les mœurs monastiques et
les austérités de son ordre, entre autres le lever de la nuit, si
dangereux pour son état maladif, et quand il fallait y renoncer,
il employait ce temps à parler de Dieu à ceux qui le soignaient. Il
lui arriva même de passer la nuit entière à s'entretenir avec
M. Honoré Lataste, son frère, du bonheur du ciel ; et quand la
R. M. prieure vint au matin demander de ses nouvelles, il répondit avec joie : « Oh ! j'ai eu une excellente nuit. » Jamais il n'omet-
tait sa lecture spirituelle deux fois par jour, et quand son âme
s'était abreuvée à cette *source de sagesse et de lumière qui est le
Verbe de Dieu au haut des cieux (Eccli.* iv), il remerciait son lec-
teur avec effusion, et ajoutait presque toujours : « Cela m'a fait
du bien. »

Ne pouvant plus obéir, pour les petits détails de la vie, ni à
la cloche de son couvent, ni à ses supérieurs absents, il voulait
obéir à l'aiguille de sa montre. Tous les soins qui lui étaient
donnés avaient leur moment précis. Le jour même de sa mort,
il se leva à son heure habituelle et regretta de ne pas pouvoir attendre pour se coucher celle désignée par son règlement ; on le
mit au lit un peu avant midi, ce fut la seule fois qu'il man-
qua d'exactitude ; mais c'était pour mourir! Il avait pour la sainte
pauvreté une prédilection digne de saint François, il ne la perdait jamais de vue dans ses moindres actions. Peu de temps avant
sa mort, on lui faisait prendre du bouillon dans lequel un ami
avait conseillé de verser un peu de bon vin ! « Non, non ! dit-il,
ce serait du vin perdu ! — Mais la perte n'est pas bien grande. —
C'est toujours une grande perte que de manquer à la pauvreté. »
Et il fallut emporter le vin. Les médecins lui avaient ordonné de
prendre certains sirops dans une cuiller d'argent, et chaque fois que
ce métal si chéri du monde touchait ses lèvres, il faisait un signe
de désapprobation et de répugnance. Il défendit qu'après sa mort, la
maison employât du papier de deuil pour la correspondance : « Mes
filles porteront mon deuil dans leur cœur, et si ma mémoire en est
moins honorée devant les hommes, cela n'en vaudra que mieux
devant Dieu. »

Souvent nous lui avons entendu regretter de mourir d'une
maladie si lente et si peu douloureuse. Et, comme une sueur

froide l'inondait depuis plusieurs heures, nous lui dîmes que Notre Seigneur avait enduré ce tourment au jardin des Oliviers. « C'est bien peu de chose, mon enfant, que ce que je souffre, » reprit-il, comme choqué de la comparaison.

Dans un moment d'angoisse, il cherchait une position qui lui permît de respirer. Après de vaines tentatives, il s'écria : « Eh » bien, oui, mon Père, qui êtes aux cieux, comme vous voudrez ! » Ce que vous voulez est toujours bien ! » Cependant, son étouf-fement empirant au lieu de diminuer, nous le priâmes de deman-der un peu de calme à Notre Seigneur. « Sa volonté avant tout, mon enfant, » répondit-il. Jamais il ne témoigna le moindre regret de mourir dans la force de l'âge, ni de ne pas continuer à fonder Béthanie, quoique, à trente-six ans, il semble qu'il eût pu faire encore beaucoup de bien sur la terre.

Le cimetière est-il prêt, demanda-t-il un jour? Car il avait désigné lui-même, dans le jardin, un endroit solitaire, entouré de sapins, pour y dormir son dernier sommeil. — Sur la réponse que tout était prêt, il ajouta : « Vous mettrez au milieu une » grande croix de bois, formée de deux troncs d'arbres avec leur » écorce et portée sur une pierre ; vous l'entourerez de lierre et » de fleurs grimpantes. Vous sèmerez aussi des fleurs autour de » l'enceinte. Ce n'est pas pour moi, vous le pensez bien, c'est » pour mes enfants. Je voudrais, quand elles viendront se pro-» mener autour de leur père endormi, que le spectacle de ma » tombe et de ces fleurs éveillât à la fois en elles l'idée de la » mort qui s'apprête à les frapper un jour, mais aussi l'idée con-» solante de la vie qui doit suivre. Et si jamais vous abandonnez » ces lieux, vous emporterez mes os avec vous. »

Ces mots sont tout un abrégé des sentiments du P. Lataste : lui si austère, si exact, si ferme, avait des délicatesses infinies pour adoucir les croix à ses enfants ; une bonté exquise se mon-tre dans tous ses plans de fondation : la pénitence, la régularité, la mort, tout s'y couvre des roses de la charité.

Il nous pria de n'omettre aucune des cérémonies de la litur-gie de notre ordre pour appeler sur les frères, à leurs derniers moments, les secours du Ciel et honorer leurs restes après leur mort. Se sentant défaillir, il s'écria tout à coup : *Mon Dieu ! mon Dieu ! je remets mon esprit entre vos mains !* Il se confessa, nous pria de commencer les prières de l'agonie, prit le crucifix avec une tendresse qui nous arrachait des larmes, et le baisa res-pectueusement ; mais, se trouvant mieux, il nous demanda pardon de nous avoir fait faire un ouvrage inutile. Puis, avec un léger accent d'impatience, il ajouta : Ce ne sera pas encore pour cette nuit ! et il s'endormit.

Comme on lui apportait son déjeûner, il nous dit : « A quoi bon manger ? Cela ne peut que retarder le bienheureux instant où je verrai Dieu. » Le P. aumônier répondit : « Vous ne voulez donc plus que le *festin du ciel*, dont parle la sainte Écriture, où les *justes se délecteront dans la joie ? — Oui*, reprit le mourant, *j'entends déjà les cris d'allégresse, les cantiques de louange et le bruit joyeux de l'éternel banquet. (Psal.* XLI.)

Il quittait ce monde sans aucun regret, son amour pour Dieu avait atteint l'héroïsme : il n'avait plus même à lutter contre cette affection naturelle que chacun porte à la vie ; nous l'entendions continuellement pousser vers le ciel d'ardents soupirs ; ces élans ne jaillissaient pas de son âme dans un enthousiasme fiévreux : impossible de les attribuer à une surexcitation maladive ou aux angoisses de la douleur ; non, il était calme, son âme même paraissait comme endormie, le seul mouvement de la charité pure l'emportait vers Dieu. Laissons-le parler ; cinq jours avant sa mort, il nous disait :

« Autrefois, j'avais pour la sainte Vierge une dévotion toute
» spéciale ; je remettais entre ses mains, pour qu'elle-même en
» fît l'application selon ses prédilections et sa sagesse, les quel-
» ques mérites que la grâce de Dieu, mes actes de piété et ma
» vie religieuse pouvaient me faire acquérir. Peu à peu, l'amour
» de Notre Seigneur Jésus-Christ remplit plus exclusivement
» mon âme ; et maintenant, tout s'efface devant une pensée
» unique et radieuse qui s'impose à moi avec une force invinci-
» ble, la pensée de Dieu ! oui de Dieu seul ! Je le sens, je le vois
» dans mon âme, d'une manière inconsciente, il est vrai ; mais
» je le vois, je le sens, avec une inébranlable et brûlante certi-
» tude, qui me porte vers lui sans cesse, par un acte d'amour
» continu plus fort que moi-même. Il se fait en moi comme une
» adoration perpétuelle par un acte simple, toujours uniforme
» et toujours nouveau, sans commencement, sans milieu et sans
» fin ; c'est comme un reflet, une lueur de l'éternité ! Il me sem-
» ble que Dieu m'anéantit devant lui, pour m'élever ensuite et
» me fixer en lui-même, par une adhésion infinie de tout mon
» être à lui seul, tout-puissant, tout lumière, tout amour, et par
» un détachement absolu de tout ce qui n'est pas lui ! Je ne puis
» plus concevoir de pensée précise sur lui, plus produire d'acte

» d'amour déterminé ; je n'ai plus qu'une seule pensée qui com-
» prend tout et épuise à elle seule toutes les forces de mon âme :
» *Dieu!* Je n'ai plus qu'un seul acte d'amour, si intense et si sou-
» tenu qu'il m'est impossible, sans un grand effort, ni d'augmen-
» ter son ardeur, ni de le faire cesser, pour le recommencer. Il
» me semble que toute mon âme est jetée dans le sein de Dieu,
» et qu'il ne reste plus rien en elle que *Dieu* la pénétrant de
» toutes parts. »

Quand nous touchions, par hasard, une corde de cette harpe
qui paraissait muette, et qui tout bas chantait les plus sublimes
cantiques, elle nous rendait d'éclatants et séraphiques accords.
Le P. aumônier, après un long silence, rappelait au malade la
présence du grand Consolateur. « Mon cœur est prêt, mon cœur
» est prêt, s'écria-t-il, oui, je brûle de mourir avec le Christ! Est-
» ce donc enfin vrai? voir Jésus-Christ! le voir face à face !
» et puis la sainte Vierge, et saint Dominique! tous nos
» saints! toutes ces grandes âmes du ciel ! être parmi elles! les
» regarder, leur parler, les entendre! Oh oui! j'y pense! et mon
» émotion me réduit à me taire. » Il se calmait, mais son cœur
veillait quand il semblait dormir; il suffisait d'un mot de l'Ecri-
ture sainte pour faire déborder ce vase de bénédiction. A la lecture des derniers chapitres de l'Apocalypse, il était enivré de
joie; quand on en vint à ce passage : « *A celui qui a soif je don-
nerai gratis l'eau de la fontaine de vie....* » le Père entr'ouvrait
ses lèvres comme pour aspirer l'Esprit de Dieu. Lisant ensuite :
« *Le temps est proche, le Christ va bientôt venir et sa récompense
avec lui ; sa voix a retenti, il a dit : Me voici! Et l'Esprit et l'épouse
ont répondu : Venez ! Que quiconque a soif dise aussi: Venez !* »
Le mourant ajouta avec transport les paroles qui terminent et
scellent cette mystérieuse révélation, le cri suprême de tout ce
qui vit : « *Venez, Seigneur Jésus, venez !* »

Si, comme le dit saint Paul, la charité est le sceau de la sainteté
et l'apogée de la perfection, quelle ne devait pas être la sainteté
de cette âme, prête à paraître devant le terrible Juge et dont
l'amour avait consumé la crainte? Du fond de cette onde limpide,
pas une ride ne monta à la surface ; lorsque nous repassons dans
notre mémoire les moindres circonstances de cette mort, aucune
tache n'en vient ternir le pieux souvenir. C'était une flamme qui
s'éteignait sous nos yeux sans laisser de fumée après elle ; mais
non pas sans jeter un dernier et radieux éclat. Et, quand l'éternel horizon s'est ouvert pour laisser passer une âme si chère,

*

nous avons été touchés de son aile, un de ses rayons est tombé sur nous, et nous avons senti battre notre cœur, saisi d'une ferveur toute divine.

II.

Le Fondateur.

La sainte mort du **P.** Lataste ne nous prouve pas seulement qu'il était un bon religieux, elle nous prouve encore et surtout que Dieu l'avait réellement appelé à être le fondateur de l'œuvre de Béthanie, pour combler une lacune dans cette admirable chaîne qui enlace le monde dans la charité de Jésus-Christ, et dont chaque anneau console et guérit une douleur. Sans doute, les desseins de Dieu sont insondables, et il y aurait un téméraire orgueil à essayer de les scruter ; cependant, il est une manière d'interroger la conduite du souverain maître qu'il autorise et qui lui est agréable, c'est de chercher dans la marche des choses humaines que dirige toujours la Providence un enseignement et une marque d'amour.

Ce que la main des hommes a bâti s'écroule avec eux ; mais ce que la main de Dieu a édifié sur cette terre, repose sur la pierre angulaire, qui est Jésus-Christ, unique et éternel fondement que rien ne peut détruire. Le Père Lataste n'a jamais songé à fonder une œuvre humaine ; aucune vue personnelle ne l'a inspiré ; il a cru fermement être l'instrument de Dieu pour sauver les âmes les plus abandonnées ; et si Dieu a frappé, après deux ans de succès, l'humble fondateur, il nous semble évident qu'il voulait apprendre à tous que ce n'est pas l'homme qui a fondé Béthanie, mais Dieu seul, et qu'il est assez puissant pour continuer sans le Père ce qu'il avait daigné commencer avec lui ; il nous semble qu'il a tenu à signer cette œuvre de son propre nom, en lui enlevant la seule main qui, à nos yeux, paraissait l'avoir exécutée et la soutenir par sa présence. Il l'a marquée au front, dès sa naissance, du signe de la croix, signe de faiblesse et de folie devant les hommes, signe du salut devant les anges. *Cet enfant sera en butte à la contradiction*, avait dit le saint vieillard Siméon en embrassant le divin fils de Marie ; donc, la contradiction est le premier caractère du Christ, caractère visiblement gravé sur toutes les œuvres du christianisme. Béthanie avait déjà essuyé la contradiction de la part des hommes, il lui restait à subir celle des événements. Dieu l'a frappée d'un de ces coups imprévus dont les œuvres humaines ne se relèveraient jamais. Suivons des yeux les traces de la foudre et admirons aussi le paratonnerre de la Providence.

Pour ramener au bercail des brebis perdues, le bon Pasteur choisit un homme jeune encore, fortifié et sanctifié dans le cloître ; il souffle sur lui une grande et sainte idée, une idée fixe. Cet homme, doué d'un esprit sage, d'une raison calme et sans écarts, fut tellement rempli de ce souffle divin qu'il avait reçu d'en haut , qu'il en vivait ; c'était comme son âme , il ne pouvait s'en séparer ; et au moment où il venait de déposer en terre cette semence de bénédictions, comptant l'arroser de ses sueurs et au besoin de son sang, Dieu le rappela, et Béthanie naquit orpheline.

La seule mais difficile vertu que Dieu exige des fondateurs qu'il daigne employer, c'est l'effacement complet d'eux-mêmes devant l'action merveilleuse qui les pousse. Le Père n'avait rien de grand que sa simplicité, sa foi constante en Dieu, sa paix sublime dans les épreuves et dans la mort. Il répétait à qui voulait l'entendre : « Béthanie est l'œuvre de Dieu ; elle vivra avec ou sans moi, mais elle vivra. » Plus l'action de l'homme s'effaçait devant celle de Dieu, plus il était heureux. La mort même ne lui arracha ni regret, ni plainte, ni inquiétude. Il savait mieux que personne combien peu il laissait après lui, à ses enfants, de protecteurs et de soutiens humains, il affirmait qu'il n'était qu'un instrument éphémère, et que Dieu voulait agir seul désormais ; il ne manifesta jamais la moindre crainte pour l'avenir. Certes, si quelqu'un aimait Béthanie, c'était lui ! Néanmoins, nous avons beau compulser nos souvenirs, impossible de nous rappeler une seule plainte sur l'inopportunité de sa mort. « Il serait peut-être utile que je vécusse encore, nous disait-il, néanmoins je préfère mourir. Cependant, que la volonté de Dieu s'accomplisse et non la mienne. — Mais, votre œuvre, répondions-nous, que va-t-elle devenir ? — Je n'ai pas d'œuvre à moi, c'est celle de Dieu, il en prendra soin. » Il se réjouissait pendant une de nos lectures de ce que l'Écriture sainte appelle *bienheureux celui qui a ouvert son âme aux besoins du pauvre et de l'indigent, parce qu'aux jours mauvais Dieu lui donnera la vie et comblera ses désirs.* « Cette parole est pour moi, s'écriait-il ; j'ai préparé du pain et un asile à qui n'en avait pas ! » Puis, s'interrompant, comme si son humilité lui eût reproché cette extrême confiance, il reprit : « Il est vrai

que je n'ai guère de mérite, c'est l'œuvre de Dieu. — Mais vous
avez été au moins l'instrument des miséricordes de Notre Seigneur ! » Il répondit par ces paroles de Bossuet : « L'homme
s'agite, et Dieu le mène ; » moi je n'ai fait que regarder.

Cependant, il était loin d'être insensible à l'épreuve que sa
mort allait apporter à ses filles : « Vous allez rester seule, pauvre
» Mère, disait-il à la Révérende Mère Prieure. Avez-vous fait géné-
» reusement votre sacrifice ? Pour moi, je suis certain d'avoir
» exécuté l'œuvre de Dieu, je meurs sans inquiétude. Il n'y a plus
» qu'à le bénir en toutes choses. Toutes les fois que je venais
» parmi vous, je n'étais que le spectateur de ce que le Seigneur
» daignait accomplir ici. Je vous recommande l'amour de vos filles,
» l'amour de la règle et par dessus tout l'amour de Dieu. » Il
n'oubliait jamais qu'il était le père de cette pauvre petite famille
naissante, et, même en parlant du ciel, il songeait à ses enfants,
il lui semblait que son bonheur n'y serait pas complet sans elles.

Un jour que nous lui lisions la plus belle page qu'il soit donné
de lire à des yeux mortels, la prière de Notre Seigneur Jésus-
Christ après la cène, dans l'Evangile de saint Jean, ch. XXVII, le
mourant avait les mains jointes, il était profondément recueilli.
Quand nous eûmes fermé le livre divin, nous entendîmes à notre
tour ce paternel commentaire du texte sacré. « Père, voici l'heure.
» Glorifiez votre fils, afin qu'il vous glorifie, qu'il vous fasse con-
» naître et glorifier à son tour par toutes les filles que vous lui
» avez données, et qu'il les fasse arriver à la vie éternelle.

» Père, j'ai achevé l'œuvre que vous m'aviez donnée à faire,
» j'ai fait connaître votre nom aux filles que vous m'aviez don-
» nées en les retirant des piéges du monde. Père saint, gardez-les ;
» qu'elles soient unies entre elles comme je vais l'être avec vous ;
» car, maintenant, je viens à vous, et je dis ces choses étant
» encore dans le monde, pour qu'elles se réjouissent de votre
» joie dans leurs cœurs. Cependant je ne vous demande pas de
» les enlever de cette terre, mais de les garder du mal, car elles
» ne doivent plus être du monde, comme moi je ne suis plus du
» monde.

» Vous m'aviez envoyé prêcher votre Verbe, qu'elles le prêchent
» aussi à Béthanie par leurs prières et leurs vertus. Je me sanctifie
» afin qu'elles soient saintes dans leur mission. Je ne prie pas
» seulement pour elles, mais pour toutes les âmes qui, après
» elles, obéiront à votre appel et à la règle que je leur ai laissée,
» pour que toutes ne fassent qu'un cœur et qu'une âme dans la

» charité. comme vous, mon Père, vous êtes un avec votre Fils, et
» votre Fils avec vous. Qu'ainsi nous soyons tous réunis en vous.

» Père, je vous demande que là où je serai, celles que vous
» m'avez confiées y soient aussi avec moi.

» Père juste, elles ont cru en vous parce que vous leur avez
» fait connaître votre nom miséricordieux, faites-le-leur connaître
» encore, afin que l'amour que vous avez pour votre divin Fils se
» répande, par lui, sur elles, et qu'il y demeure pour l'éternité! »

Ainsi, le fondateur se perdait en Dieu, et, dans sa foi inébranlable et son ardente charité, il se regardait mourir avec joie,
heureux de disparaître, comme une fleur, pour laisser place au
fruit. Il disait en commençant l'œuvre de Béthanie : « Ce que je
ne pourrai faire, Dieu le fera; » et il disait en mourant : « C'est
Dieu qui veut tout faire. »

III.

La Mort.

Le 10 mars au matin, le Père nous sembla sous le coup d'un
engourdissement sinistre. Néanmoins il voulut se lever à l'heure
marquée par son règlement; il sommeillait malgré lui dans son
fauteuil. On lui apporta son déjeuner; il essaya de manger, et
l'effort qu'il faisait l'inondait de sueur; il fallait à chaque instant
essuyer son visage : pas une plainte ne s'échappait de ses lèvres.
Il ne put cependant pas attendre le moment fixé pour son coucher; ses paupières étaient appesanties, sa tête tombait sur sa
poitrine, l'éternel sommeil le gagnait. La R. M. Prieure, seule
auprès de lui, dans ce moment, cherchait à tenir son âme éveil-
lée, et, malgré ses larmes, elle lui disait : « Père, unissez-vous
» à Notre Seigneur, ne perdez pas de vue sa présence. Je vous
» trouve plus mal, je crois que l'heure de la séparation appro-
» che. Vous allez revoir avec joie, là-haut, bien des âmes que
» vous aimez; elles vont venir au devant de vous. — Ma fille, je
» le crois; et moi aussi, je viendrai à votre rencontre quand
» vous mourrez, je vous introduirai auprès de Dieu; j'irai ainsi
» recevoir toutes mes filles, pour qu'il n'y ait au ciel qu'une seule
» famille de Béthanie. » Le P. aumônier entra et s'aperçut que
le malade était à l'agonie; il resta seul avec lui, le confessa pour
la dernière fois et lui dit : « Père, vous allez voir Notre Seigneur

» Jésus-Christ, vous êtes à la porte du ciel, votre vie va être renou-
» velée dans celle du Christ. — Parlez plus haut, je n'entends pas,
» répondit le pauvre agonisant. » Le P. aumônier éleva la voix et
dit : « M'entendez-vous, maintenant? — Oui. » Ce fut sa dernière
parole. On alla prévenir la communauté. Chaque sœur, laissant
son ouvrage, se rendit, sans trouble, d'un pas grave et ferme, mais
avec une émotion profonde, dans la chambre où s'accomplissait
un si douloureux événement. Toutes se mirent à genoux, ran-
gées en cercle autour du lit. Le P. aumônier entonna lentement
le *Salve, Regina*, cette douce mélodie de famille qui berce le dernier sommeil de tous nos frères, et les conduit par la main de
leur Reine au grand réveil de l'éternité. Les sœurs continuèrent
le chant à mi-voix. Quel spectacle! Etait-ce la terre? Etait-ce le
ciel? Nous chantions l'hymne du départ et les anges celui de l'arrivée; Marie nous rendait le salut que nous lui adressions et venait
recevoir l'âme de l'un de ses fils. Le mourant tourna encore une
fois ses yeux vers nous; il semblait nous remercier et nous bénir.
Sa bouche était entr'ouverte, sa langue se mouvait comme pour
chanter avec nous; mais, arrivés à ce mot : *Mater misericordiæ*,
elle resta immobile pour toujours. A ces autres paroles: *Eia ergo*,
ses yeux se perdirent dans l'infini. On lui mit le crucifix sur les
lèvres: elles firent encore le mouvement d'un baiser; on lui croisa
les mains sur la poitrine et on plaça l'image de son Dieu mourant
sous ses doigts; il respirait encore, ses traits étaient calmes et
aucunement contractés. Le chant du *Salve, Regina*, achevé, le P.
aumônier s'approcha de son oreille, et lui dit : « Père, nous
allons faire maintenant les dernières prières. » Peut-être n'enten-
dit-il pas ? Nous commençâmes les litanies des saints; personne
ne pleurait, car l'intensité de la prière dominait la douleur
même. Les litanies finies, le Père vivait encore ; toutes les deux
ou trois minutes sa poitrine se soulevait et s'abaissait. D'une voix
émue, le P. aumônier dit : « Ame chrétienne, partez de ce
» monde, au nom de Dieu ! Qu'aujourd'hui la paix vous reçoive,
» et que le lieu de votre demeure soit dans Sion ! par Jésus-
» Christ Notre Seigneur. » Les sœurs répondirent : Ainsi soit-il !
et les larmes montaient dans tous les yeux. Le P. aumônier con-
tinua. « Je vous recommande au Dieu tout-puissant, *frère bien-*
» *aimé*, je vous confie à celui qui vous a créé; quand vous aurez
» payé à la mort le tribut de l'humanité, retournez à votre
» auteur qui vous a formé du limon de la terre. Qu'au devant
» de votre âme, au sortir du corps, la brillante assemblée des

» anges s'avance, et la foule innombrable des saints, plus blancs
» qu'un champ de lis ! Puissiez-vous, enfin, dans le doux et ra-
» dieux visage du Christ Jésus, contempler la suavité de Dieu,
» dans les siècles des siècles ! » Les sœurs répondirent encore :
Ainsi soit-il, et l'espérance du ciel refoula nos larmes au fond
de nos cœurs. Le pauvre Père respirait encore ; nous récitâmes
le psaume CXVII, qui commence par ces mots : *Louez Dieu* parce
qu'il est bon et que sa miséricorde est éternelle. Mais la douleur
nous étouffait. Il nous sembla à ce verset que le mourant nous
adressait un doux reproche. « *Je ne mourrai pas, je vivrai*, je
» raconterai les merveilles de Dieu. Ouvrez-moi les portes de la
» justice, et je louerai le Seigneur. Voici le jour que le Seigneur
» a fait, réjouissons-nous et tressaillons d'allégresse. *Bienheureux*
» *les immaculés dans le chemin!* » Le P. aumônier nous arrêta,
en disant : « Mes sœurs, votre Père n'est plus *dans le chemin*, il
est arrivé ! » Ses filles le suivirent sans doute dans leur cœur, elles
sortirent, et nous laissèrent seuls avec le mort. Nous le revêtîmes
de sa chape de religieux, comme pour un voyage, et de l'étole
sacerdotale, comme s'il allait remplir une fonction du saint mi-
nistère. Puis, tous ensemble, nous le portâmes au chœur en
chantant.

Je ne saurais dire si c'était une cérémonie funèbre ou une
fête. Il y resta depuis le mercredi à six heures du soir jusqu'au
vendredi à deux heures après midi. L'un de ses fils, du noviciat
de Flavigny, a raconté ses funérailles et les honneurs qui lui ont
été rendus. Nous reproduisons ci-après ce récit.

Pendant toute une octave, nous avons été psalmodier sur sa
tombe un chant de deuil avec plus de tendresse que de tris-
tesse ; jamais sépulture ne fut ornée de tant de fleurs, ni plus souvent visitée par la reconnaissance et la prière. Souvent, nous y
avons recueilli de petits billets portant un mot d'adieu ou d'espérance, épitaphes du pauvre, épitaphes tracées par le cœur,
arrosées de larmes, et mille fois plus touchantes que les inscrip-
tions en lettres d'or des grands du monde.

Rien n'est changé dans la maison : un peu plus de silence, de
recueillement, de charité, d'ardeur au travail, voilà tout. Le cou-
rage de ces orphelines est aussi étrange que la sérénité de la mort
de leur père. Comment ne pas croire que l'Esprit de Dieu est là ?
Et, quand nous nous arrêtons à méditer les circonstances di-
verses de la mort admirable que nous venons de raconter, une
grande pensée nous pénètre, une divine comparaison nous

frappe, parce que dans les plus humbles, comme dans les plus sublimes œuvres, Dieu est toujours le même ! O stigmates de la passion et de la mort de Jésus-Christ, je vous adore sur Béthanie ! La religion chrétienne n'était pas fondée, et le fondateur mourait le premier, laissant ses apôtres seuls achever son œuvre, avec sa croix pour tout bien. Comment oublier cette inénarrable scène de l'Evangile où saint Jean raconte les adieux du Christ à ses disciples et les console de sa mort ?

Oui, pauvre petite maison de Béthanie, tu as vu aussi ton fondateur partir le premier, laissant à ses filles le soin de compléter son œuvre, et les consoler de son absence par l'érection d'une croix ; tu es la religion des brebis perdues que le Sauveur rapportait sur ses épaules, tu ne périras pas. *O crux, ave, spes unica !*

***

UNE CÉRÉMONIE FUNÈBRE A BÉTHANIE.

(Extrait de l'*Année dominicaine*.)

———◇———

Flavigny, le 19 mars 1869.

Le 11 mars, jour où avait été transférée la célébration de la fête de saint Thomas d'Aquin, à l'issue des matines, le Rév. Père Prieur fit part aux religieux de la mort du Rév. Père Lataste, dont il avait reçu la nouvelle pendant la nuit, et désigna le P. Beaudoin, sous-maître, et deux des plus anciens étudiants, pour aller rendre à notre Frère les derniers devoirs.

Nos préparatifs de voyage étaient faits. On nous avait depuis plusieurs jours écrit de Béthanie que le Père était expirant. Nos Pères du couvent, plus voisins, étaient absents pour les prédications du carême ; mais outre cette circonstance, nous avions une obligation spéciale à remplir envers le P. Lataste, qui avait été autrefois sous-prieur de notre couvent et maître des novices étudiants.

Arrivés à Gray, nous y prîmes vers une heure après midi, en voiture de poste, la route qui mène à Gy, et à quatre heures, nous apercevions Frasne-le-Château, et à l'entrée du village, ce toit de Béthanie qui avait fait tant de fois battre le cœur de son fondateur et qui recouvrait maintenant ses restes mortels.

On nous attendait. Deux visages connus nous souhaitèrent la bienvenue. C'étaient le P. Éveillé Lagrange, compagnon du P. Lataste depuis plus d'un an, et le Fr. Dominique Roland, l'un des nôtres, qui était là depuis dix jours pour prodiguer ses soins au Père mourant. Presque aussitôt arrivait le P. Guéritot, autrefois aumônier de la maison, et venu de Langres par la station de Noidans. Tous ensemble nous montâmes à la chapelle, située au premier étage. Là reposait le P. Lataste, les traits à peine changés, et sur les lèvres le sourire avec lequel l'excellent religieux avait reçu la mort. Il portait l'habit religieux avec l'étole sacerdotale, et sur cette planche que recouvrait un simple drap de laine, il semblait dormir. Autour de sa tête dix ou douze religieuses faisaient couronne, deux d'entre elles poursuivaient d'une voix ferme la psalmodie interrompue du psautier, les autres priaient en silence. Nous nous agenouillâmes aux pieds du corps et laissâmes quelques instants se nourrir à ce spectacle notre piété et nos espérances.

Nous dûmes interrompre notre prière pour une première cérémonie : la bénédiction du cimetière. M. le préfet de Vesoul, édifié d'une récente visite à la communauté, lui avait fait l'offre bienveillante et spontanée d'un lieu de sépulture.

Quand on sort par la porte du bâtiment principal, on tourne une aile qui se projette à droite, et on se trouve dans le parc. Vers la moitié de l'allée qui en fait le tour, dans un angle brusquement formé par le mur d'enceinte, sous un ombrage toujours vert, une légère clôture de bois circonscrit un petit espace carré : au milieu s'élève une grande croix, formée d'un tronc de sapin, sur lequel grimpe un lierre.... Le lieu et ses moindres détails, tout avait été ordonné par le P. Lataste lui-même.

Nous mîmes la main aux derniers apprêts : puis toute la communauté s'avança en silence sur ce chemin qui allait changer de nom et vint se ranger à l'intérieur du petit cimetière.

Le P. Lagrange commença la cérémonie. Rien de plus simple : on allume trois cierges sur un triangle ; on récite les litanies des saints ; on transporte les lumières sur le sommet et les bras de la croix, enfin on bénit par l'eau et l'encens cette terre qui devient le symbole de l'éternel repos que le corps, par la souffrance de la mort et par le mérite de la croix, doit trouver un jour avec les âmes bienheureuses dans le sein de la Trinité. La bénédiction faite, nos sœurs s'en retournèrent, emportant la consolante assurance de conserver désormais auprès d'elles leur Père bien-aimé : c'était une préparation au sacrifice du lendemain.

La nuit venue, nous eûmes à cœur de prendre notre heure de garde et de prière autour du corps : nous voulions payer à celui qui avait été notre père à nous aussi, ce tribut de notre affection, et en même temps soulager un peu nos pauvres sœurs, fatiguées par les veilles des nuits précédentes. Elles nous cédèrent la psalmodie, mais sans s'éloigner : elles avaient obtenu de passer encore cette dernière nuit auprès de leur Père ; leur amour abrégeant ces longues heures par la récitation du Rosaire, l'exercice répété du chemin de la Croix et de fervents entretiens avec Notre Seigneur......

L'enterrement était fixé pour dix heures. Depuis le matin la petite chapelle n'avait point désempli de la foule empressée des fidèles, dont deux Sœurs furent sans relâche occupées à satisfaire la dévotion, en faisant toucher aux vêtements et aux mains du Père, des images, médailles et autres objets qu'ils emportaient comme de pieux souvenirs. A l'heure du service, la maison était envahie par un nombre de personnes trois fois plus considérable que la chapelle et ses abords n'en pouvaient contenir. Dix ou douze prêtres des paroisses voisines, plusieurs familles de Gray et de Besançon, s'étaient fait un devoir de venir, malgré le froid et la neige. La messe fut chantée par le P. Eveillé-Lagrange. L'encombrement du petit sanctuaire ne permit point d'exécuter nos cérémonies dans toute leur intégrité ; mais la piété et l'aspect du Père toujours exposé absorbaient toutes les âmes.

A l'issue de la messe, un fâcheux contre-temps vint arrêter les obsèques. La fosse n'était point terminée, on avait rencontré le roc. Après quelques hésitations et de fréquentes allées et venues de la maison au cimetière, on dut renoncer à attendre un prompt achèvement : l'enterrement fut remis après midi, et ce fut pour les religieuses un bonheur de garder leur Père quelques instants de plus.

Avant deux heures, la foule remplissant de nouveau la chapelle et le parc, nous commençâmes la levée du corps. Le P. Lataste, avant de mourir, avait demandé qu'on observât dans son intégrité le cérémonial de l'ordre ; il fut obéi. On confia le soin de descendre le corps aux jeunes gens du voisinage qui l'avaient sollicité comme un honneur. Mais au bas de l'escalier, des deux côtés de la porte, attendaient les pauvres Sœurs. Elles n'avaient rien demandé, mais comment ne pas comprendre leur légitime ambition ? Elles s'emparèrent avec une pieuse ardeur et un saint respect du précieux fardeau et le portèrent jusqu'au bord de la tombe.

Le trajet n'avait pas été long, les chants n'étaient point achevés : il fallait soutenir le corps avant de le déposer dans le cercueil. Les jeunes gens se présentent ; mais, d'un élan unanime, toutes se pressent autour de la planche qui porte leur Père, et, refusant tout secours étranger, elles promettent d'être assez fortes aussi longtemps qu'il le faudra. Cette consolation ne fut pas longue, on leur redemande bientôt ce dépôt tant aimé et on le couche dans la bière. Ces sœurs alors, jusque-là si fortes et si calmes, ne contiennent plus leur douleur : les bras étendus vers leur Père comme pour le retenir, elles l'appellent avec sanglots. Puis, quand le P. Beaudoin a ramené le capuce sur le visage et que la bière est refermée, se rejetant dans les bras les unes des autres, Dominicaines et Réhabilitées mêlent dans une commune étreinte leurs larmes et leurs gémissements...; réalisation éloquente et peut-être jusque-là inconnue, de l'idéal suprême du P. Lataste : la réhabilitation de la faute expiée, jusqu'à la fusion la plus intime avec les pures Épouses de Jésus-Christ.

Le moment est solennel; la bière est descendue dans la fosse : le P. Lagrange, debout au pied de la croix, fait un geste de la main, et d'une voix émue il résume en quelques paroles inspirées, et la consolation de ces pauvres enfants et l'éloge de leur Père.

« Leur douleur est juste, mais non sans remède. Leur Père » n'avait-il pas promis, comme autrefois saint Dominique avant » de mourir, de leur être plus utile au ciel qu'ici-bas?

» Il n'a pas redouté la mort, bien que son œuvre fût encore » jeune : « Ce n'est pas mon œuvre, avait-il dit, mais celle de » Dieu, je ne crains rien... » Oui, Dieu sera toujours leur Père, » et cette épreuve si cruelle n'est que le signe de son adoption.

» Et puis, qu'elles regardent cette croix; leur Père l'avait fait » élever, afin qu'elle fût leur suprême refuge, le symbole de leur » douleur et de leur espérance.

» Comme un mineur infatigable, *quasi effodientes thesaurum,* » le P. Lataste a cherché un trésor; la peine l'a conduit au tom- » beau ; il a vu la mort avec joie, *gaudentque vehementer cùm in-* » *venerint sepulcrum,* car son trésor, il l'avait trouvé, *c'était* » *vous, mes enfants, qui le pleurez,* et il s'est réjoui, sachant que » son tombeau serait la pierre fondamentale de l'œuvre qu'il » laissait. »

Toute l'assistance était attendrie, beaucoup pleuraient... Le dernier chant monta au ciel pendant que la fosse se refermait; tout était fini, et l'on retourna aux pieds de Notre Seigneur demander la force et la résignation.

Une heure après nous étions seuls, tous six fils de saint Dominique, nous communiquant en famille les impressions de la journée. La soirée fut plus intime encore : la Révérende Mère Prieure nous emmena à la récréation de ses enfants, et voulut que toutes les religieuses sans exception y fussent présentes. Ces Sœurs, que jusque-là nous n'avions vues que dans les tristes solennités ou bien dans les charitables offices qu'elles nous rendaient, nous les retrouvions toutes réunies au nombre de vingt-cinq, confondant leurs rangs et leurs costumes; nous apprenions à les connaître de plus près, à admirer davantage le dévouement et la douceur des religieuses novices ou professes, l'humilité et la simplicité des petites Sœurs et des enfants, l'union d'âme et de cœur entre toutes.

Après ces quelques moments de douce distraction, nous allions unir nos voix dans le chant de la triple antienne chère à la famille dominicaine, le *Salve, Regina*, l'*O lumen*, l'*Intercede*... et ainsi se termina cette journée du 12 mars, date ineffaçable pour Béthanie et pour ses hôtes.

Le lendemain entre la sainte messe et le départ, la Révérende Mère Prieure trouva le temps de nous faire visiter la partie de la maison que nous n'avions pas vue : le chapitre, le réfectoire, les dortoirs, les cellules. Tout y respire l'ordre et la pauvreté; et presqu'à chaque pas nous avions le plaisir de rencontrer quelques-uns de nos usages de Flavigny importés à Béthanie par le P. Lataste.

A huit heures, il fallut partir. Nous reçûmes les adieux de la communauté réunie, nous nous promîmes une mutuelle union de prières, et nous quittâmes cette seconde Béthanie, remerciant Dieu de nous y avoir conduits, et le priant de continuer sa bénédiction sur cette œuvre qu'il nous a fallu, comme à tant d'autres, voir vivre sous nos yeux, pour la comprendre et l'aimer. L'ayant vue au jour de sa plus cruelle épreuve, vue au bord de cette tombe, nous l'avons encore mieux comprise et aimée davantage; et nous redisons, avec tous ceux qui l'ont visitée, cette parole de l'Évangile, qui a inspiré et soutenu le P. Lataste : « Ce » qui est impossible aux hommes, est possible à Dieu (1) »

Fr. Henri ALTMAYER,
des Fr. Prêch.

(1) *S. Luc*, XVIII, 27.

BESANÇON, IMPRIMERIE DE J. JACQUIN

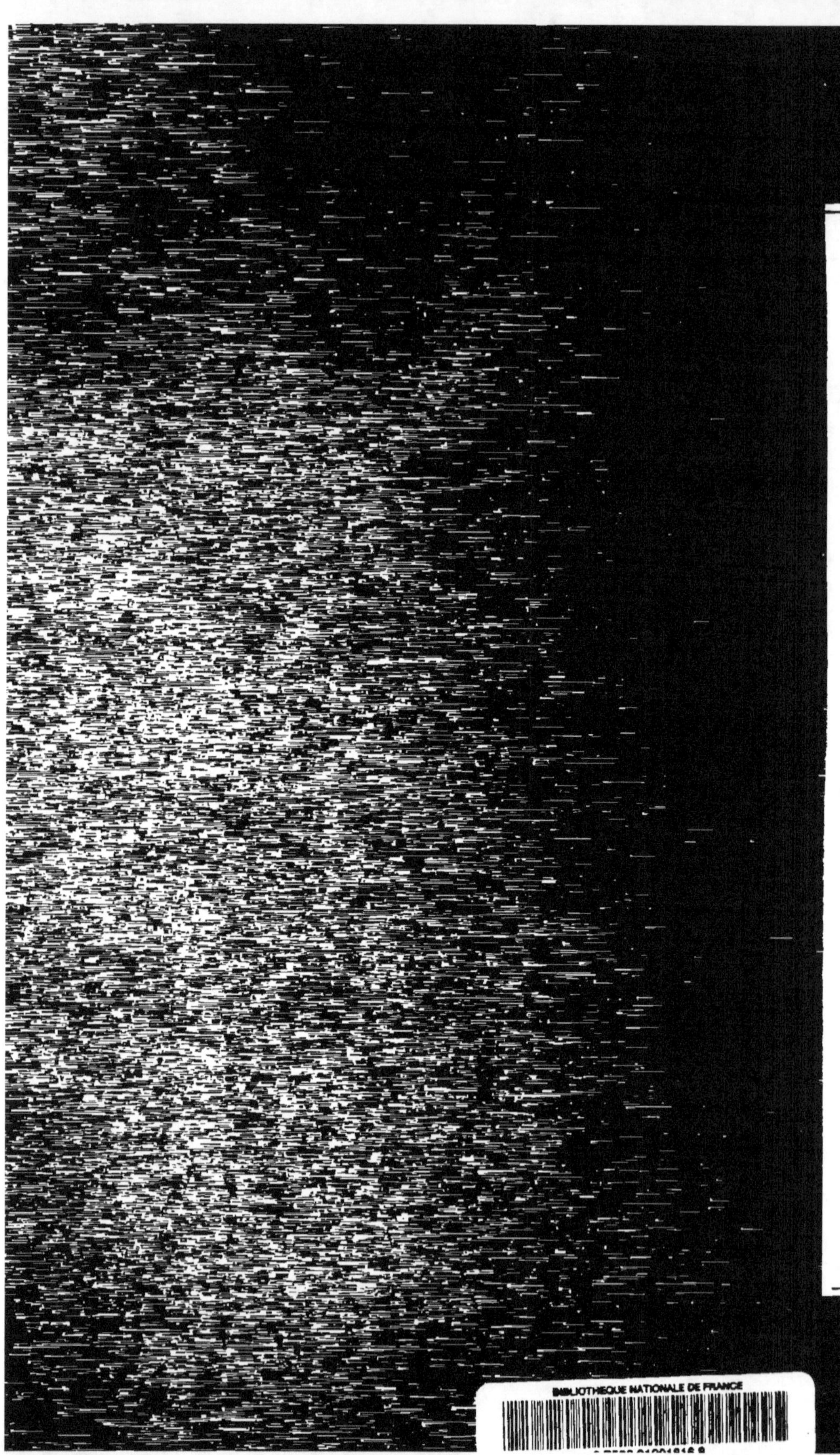

www.ingramcontent.com/pod-product-compliance
Lightning Source LLC
Chambersburg PA
CBHW051355050726
47595CB00006B/2563